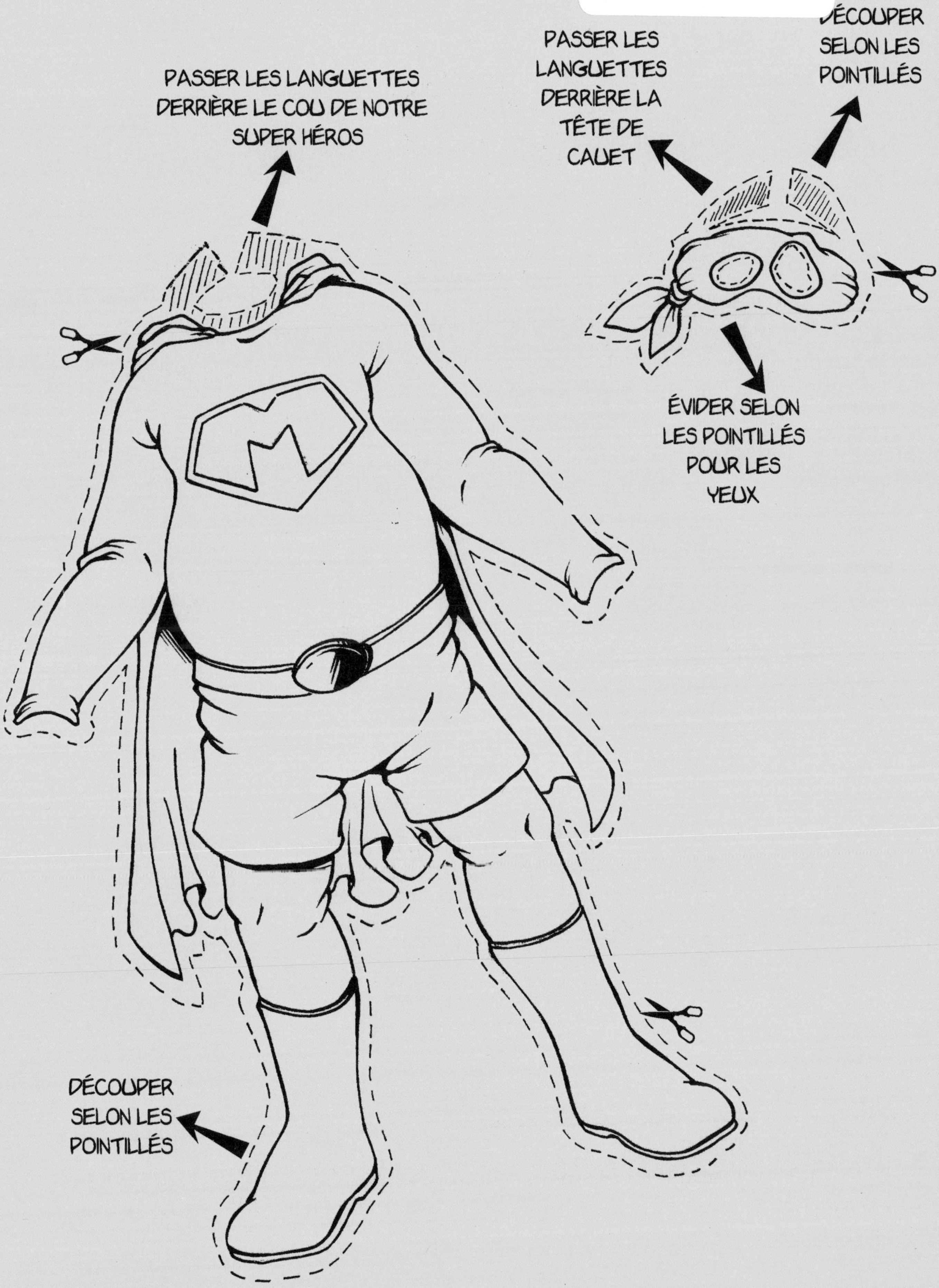
PASSER LES LANGUETTES DERRIÈRE LE COU DE NOTRE SUPER HÉROS
PASSER LES LANGUETTES DERRIÈRE LA TÊTE DE CAUET
DÉCOUPER SELON LES POINTILLÉS
ÉVIDER SELON LES POINTILLÉS POUR LES YEUX
DÉCOUPER SELON LES POINTILLÉS

LA DRAGUE pour les nazes ~~COMME~~ avec CAUET

JASKA • JEAN-PHI • CAUET

JUNGLE

Tous ceux du haut ainsi que Cartman, Miko et Cécile.
Pour Valmont, Ivana et Virginie.
Merci à Damien.

CAUET

Merci à Cauet, Cécile de Ménibus, Cartman, Miko, Emma, Anne-Laure, Damien, l'équipe de Be Aware. Moïse, Louis, Aude, Estelle, Jack, Bry, Jérôme, Jess, Pierre Léoni, Mani, Laurent Colas, Antoine Thomas, Patrice Lacroix, l'équipe d'Eno, à Alusk, Nico Guénet, Delphine, Aella et Enora, à mes parents, Catherine, Jean-Jacques, Patrice, Pierre.

JEAN-PHI

Scénario : Jaska
Dessin : Jean-Philippe Pogut
Couleurs : Brigitte Massonat et Jérôme Brizard

ISBN : 978-2-874-42645-2

Première édition - Mai 2009

Imprimé en France par Pollina s.a., Luçon - L21817. Dépôt légal : Mai 2009 ; D.2009/0053/134

MAIS QUELS SONT LES POUVOIRS DE MÉTHODE MAN ?

PICARDIE... AN DE GRÂCE 1972, PAR UN BROUILLARD ÉPAIS... MAIS ALORS TRÈS ÉPAIS...
... AU MOMENT OÙ GEORGES ET SON TRACTEUR, TOUS DEUX CHARGÉS AU RAS LA GUEULE...
... S'APPRÊTENT À CROISER LA MOBYLETTE D'AIMÉ LE FACTEUR... LUI AUSSI SÉVÈREMENT CHARGÉ...
... UNE POULE À TROIS PATTES, COURSÉE PAR UN LOUP, SURGIT D'ENTRE LES DEUX VÉHICULES...
COCOT COCOTT
... LES DEUX BÊTES EURENT JUSTE LE TEMPS DE PASSER...
... ET LE FACTEUR DE SALUER GEORGES...
... CES CONJONCTURES ÉVÉNEMENTIELLES SANS PRÉCÉDENT SURVINRENT PILE AU MOMENT OÙ LE DIVIN ENFANT, LA COUCHE PLEINE DE POPO, RENTRAIT AU DOMICILE FAMILIAL...
PROÂT
... CIRCONSTANCES MAGIQUES ? DESTINÉE IRRATIONNELLE... ON S'EN TAPE ! CE QUI EST SÛR, C'EST QUE CELA DONNA AU CHÉRUBIN UN POUVOIR UNIQUE...
CACA ?
HI HI HI
... OU PLUTÔT UNE MISSION, CELLE D'ÊTRE... MÉTHODE MAN !

HA ! MÉTHODE MAN !
C'EST VRAI QUE TU NE SAIS GUÈRE VOLER...
SBLAM!
... TES FACULTÉS EN MATIÈRE DE SAUVETAGE HUMAIN SONT RELATIVEMENT LIMITÉES...
... TA FORCE QUASI IMPERCEPTIBLE...
WATCHA
... MAIS EN REVANCHE...
Z'AVEZ VRAIMENT CRU QUE J'ALLAIS PÉTER CE TRUC ?
... QU'EST-CE QUE TU TCHATCHES !
HA ! HA ! LES CONS, HOU ! HOU ! J'Y CROIS PAS...
ILS M'ONT CRU !
... TU ES DEVENU UNE VRAIE USINE À VANNES, TES POTES PEUVENT EN TÉMOIGNER...
HÉ, LES GARS !
J'EN AI UNE !
HA HA HA ! SACRÉ COCO !
HA HA ! RELOU MAN EST DE RETOUR !
... SI BIEN QUE TON POUVOIR DE SÉDUCTION EST EXCEPTIONNEL DE JOUR EN JOUR...
ALORS, JEUNE FILLE, LAISSE-TOI GUIDER PAR LES MILLE CONSEILS AVERTIS DE...
methode man

TOI AUSSI, TU PEUX DRAGUER ! MÊME SI TU ES GROS, MOCHE, PETIT ET BORGNE... YOU CAN !
BON, ÇA VA PAS ÊTRE FACILE MAIS... YES YOU CAN !

CONSEIL POUR RÉUSSIR SA PREMIÈRE FOIS

VOUS SAVEZ, J'AI TRÈS PEUR... C'EST LA PREMIÈRE FOIS !
N'AYEZ CRAINTE, ÇA FAIT TOUJOURS ÇA AU DÉBUT...
OUAIS MAIS QUAND MÊME... J'AI JAMAIS FAIT ÇA, MOI !
LAISSEZ-VOUS ALLER, ÇA VA ÊTRE LE PIED... ALLEZ, ENFILEZ ÇA !
QUELLE IDÉE AUSSI DE DRAGUER UNE FILLE QUI FAIT...
...DU PARACHUTISMEEEEEE
28-4SC

LES FILLES, ÇA KIFFE LES DJ'S, J'VOUS DIS !
MOUAIF !
VOUS ME CROYEZ PAS ? ATTENDEZ, JE VAIS VOUS LE PROUVER !
VAS-Y PATRICK, POUSSE-TOI ! JE PRENDS LES COMMANDES !
MAIS C'EST QUI LUI HEU !
DISCO JUNGLE
ALLEZ, C'EST PAAARTI !
SSSSRRRATCHH
WIZZZZZZ.
Click!
PLUS FORT ! JE VOUS ENTENDS PAS !
SMACK!
ALLEEEEEEZ... ON MONTE LE S...?!
M'SIEU CAUET !

LE BEAWARE
BEN... BEN... Y SONT OÙ TOUS ? ET LES MEUFS ?
ET VOUS, VOUS ÊTES QUI ?
IL EST 5 HEURES DU MATIN....
... ILS SONT TOUS RENTRÉS...
TA PLUS GRANDE FAN ! TU VAS VOIR, ON VA SE FAIRE UNE PUTAIN D'AFTER !
I ♥ LES CALINS
HÉ, CARTMAN, TU CROIS QU'IL VA PAS NOUS EN VOULOIR COCO ?
MEUH NON ! À L'HEURE QU'IL EST, J'SUIS SÛR QU'IL EST ENCORE EN TRAIN DE MIXER UN PUR MORCEAU !

PETITES ASTUCES EXTRALUCIDES

MADEMOISELLE, JE VOIS POUR VOUS DE GRANDS CHANGEMENTS !
Madame Gliglik
VOYANCE SUPER LUCIDE
L'AMOUR VA ENFIN SONNER À VOTRE PORTE...
VRAIMENT ?!? ET SOUS QUELLE FORME ?
JE VOIS UN HOMME DÉGUISÉ...
... EN COSTUME BLEU AVEC DES GANTS, DES BOTTES... OUI, C'EST BIEN ÇA !
MERCI ! OH MERCI ! ÇA ME FAIT CHAUD AU CŒUR CE QUE VOUS M'ANNONCEZ LÀ ... COMMENT VOUS DIRE, ÇA ME FAIT...
ÇA VOUS FAIT 100 EUROS !
PUTAIN MERDE ! TROP LENT ! VA FALLOIR QUE JE RESSORTE MES VIEUX SUPERMAN !
?!

COMMENT ASSURER DEVANT UNE MASSEUSE THAÏ

ALORS ? COMME ÇA, VOUS ÊTES MASSEUSE...
OUI ! OUI !
J'ADORE ME FAIRE MASSER... VOUS TRAVAILLEZ DANS QUEL SALON ?
JE POURRAIS PEUT-ÊTRE VENIR VOUS VOIR ?
SLUURP!
OH, AVEC GRAND PLAISIR... VOICI MA CARTE, VENEZ DEMAIN À 15 H, JE VOUS ATTENDRAI !
YES !
LE LENDEMAIN.
SONA
BONJOUR, J'AI RENDEZ-VOUS AVEC CYNTHIA POUR UN MASSAGE !
PAS DE SOUCIS, ALLEZ VOUS CHANGER, ELLE VA VOUS RECEVOIR !
SUIVANT !
ET ET ... CYNTHIA ?! ELLE EST OÙ ?
CRACK!
MALADE !
IL Y A UN GROS CON QUI LUI A FAIT BOUFFER DES HUÎTRES PAS FRAÎCHES...
... ELLE M'A DIT DE M'EN OCCUPER ET QU'IL ADORAIT LES MASSAGES... TONIQUES !

CONSEIL POUR DRAGUER SUR L'ÎLE DES BEAUTÉS

HÉ CARTMAN, COOL CE MARIAGE... ILS SONT SYMPAS ET FINALEMENT PAS TOUS SI SUSCEPTIBLES, LES CORSES !
DIS PAS DE CONNERIES, FAUT JUSTE ALLER UN PEU DANS LEUR SENS, VOILÀ TOUT !
ET LES FILLES, ELLES SONT CHAUDES OU PAS, ALORS ?
ARRÊTE !...
FAUT JUSTE LES RESPECTER UN PEU... C'EST PAS PANAM ICI, TU VOIS ?!?
HA HA ! T'ES CON : IL SE PASSERAIT QUOI SI JE DRAGUAIS UNE MEUF ICI, ON ME FOUTRAIT DES EXPLOSIFS DANS LE FION ?
CHUUUT ! NON C'EST PAS ÇA... MAIS SI TU PEUX L'ABORDER PAR LE BIAIS D'UN FRÈRE OU D'UN COUSIN, C'EST MIEUX !
BEN JUSTEMENT, TA COUSINE, CELLE QUI A LES CHEVEUX LONGS... ELLE ME BOTTE GRAVE !
HEIN ?! MAIS T'ES FOU ? N'Y PENSES MÊME PAS !
T'ES VRAIMENT TROP FLIPPÉ, T'AS QUITTÉ LE PAYS DEPUIS TROP LONGTEMPS... REGARDE JE VAIS TE MONTRER QUE T'AS TORT !
NAN ! FAIS PAS ÇA !
MADEMOISELLE ! ON VOUS A DÉJÀ DIT QUE MÊME DE DOS, VOUS ÉTIEZ RAVISSANTE ?!
?!!
NON ! ÇA C'EST BIEN LA PREMIÈRE FOIS !
ALLÔ, C'EST POUR UN RAPATRIEMENT SANITAIRE SUR PARIS !
couic

COMMENT DRAGUER UNE FILLE SUPER CLASSE

CAS N° 1

EXCUSEZ-MOI MADEMOISELLE MAIS WAOUH, VOUS ÊTES SUBLIME !
?!
VOTRE PARFUM, VOTRE CLASSE NATURELLE, CETTE ATTITUDE SI DISTINGUÉE, C'EST VOTRE SEC...
QU'EST-CE T'AS, DUCON ? TU VEUX NIQUER ? T'AS QU'À TE TOUCHER ! J'AI MES RAGNOUTES !

CAS N° 2

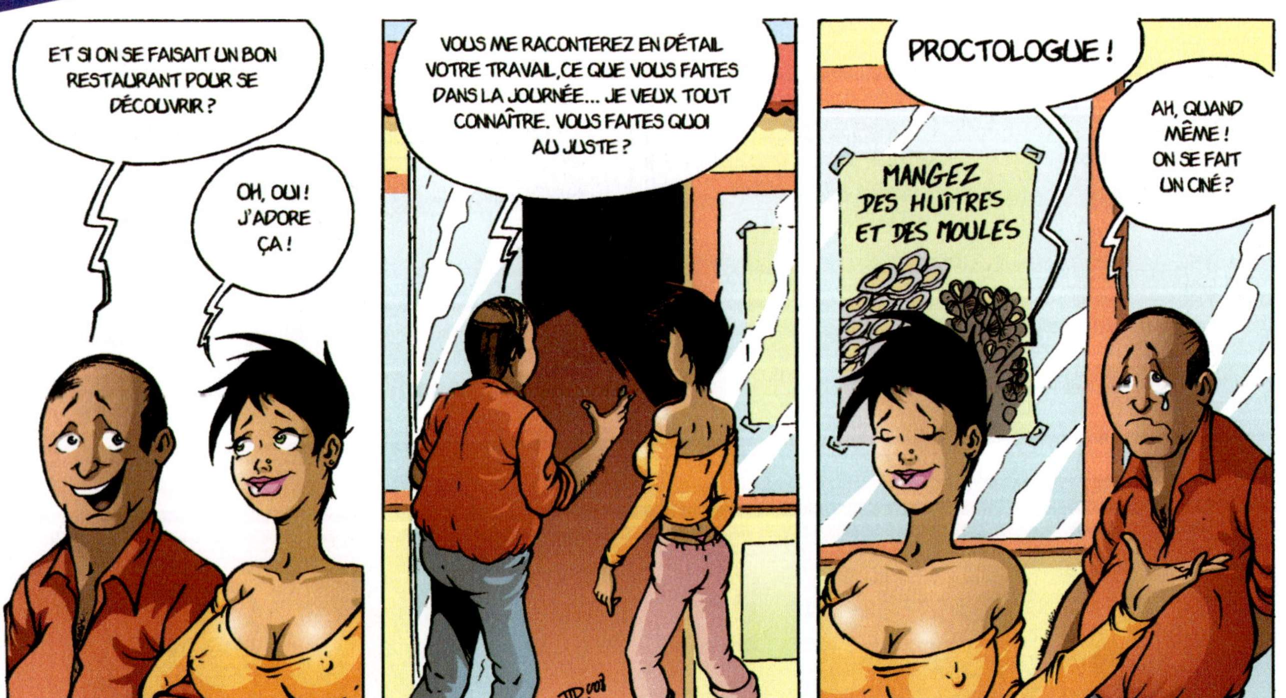
ET SI ON SE FAISAIT UN BON RESTAURANT POUR SE DÉCOUVRIR ?
OH, OUI ! J'ADORE ÇA !
VOUS ME RACONTEREZ EN DÉTAIL VOTRE TRAVAIL, CE QUE VOUS FAITES DANS LA JOURNÉE... JE VEUX TOUT CONNAÎTRE. VOUS FAITES QUOI AU JUSTE ?
PROCTOLOGUE !
MANGEZ DES HUÎTRES ET DES MOULES
AH, QUAND MÊME ! ON SE FAIT UN CINÉ ?

COMMENT DRAGUER À L'AVEUGLE

JE SAIS, C'EST TRÈS MAL DE SE FAIRE PASSER POUR UN INFIRME...
MAIS C'EST MON POTE GILBERT QUI M'A FILÉ LA COMBINE !
JE VOUS EN PRIE MONSIEUR, SUIVEZ-MOI, JE VAIS VOUS ACCOMPAGNER !
MERCI !
HA ! C'EST PAR ICI !
HAAAA !
HAAA !
AU SECOURS ! DEHORS !
MAIS LAISSEZ-LE TRANQUILLE ! VOUS VOYEZ BIEN QU'IL EST AVEUGLE !
NON VOYANT S'IL VOUS PLAÎT ! PFFFIOU... FAIT PAS FROID !

COMMENT DRAGUER FACE À LA CONCURRENCE

WAOUH ! QUEL CANON, FAUT QUE JE LA BRANCHE !
HALTE-LÀ BOUFFON... LAISSE PASSER SUPER BEAU-GOSSE MAN !
HEY !
BAF !
LAISSE FAIRE LE ROI DE LA DRAGUE, L'INVENTEUR DE LA "CLASSITUDE".
BRAD PITT CHIALE TOUS LES MATINS EN PENSANT QUE PEUT-ÊTRE QUE J'EXISTE...
... JAMES DEAN SE RETOURNE DANS SA TOMBE QUE IL A JAMAIS PU ME RENCONTRER...
ALORS C'EST PAS TOI, SUPER HÉROS DE MES COUILLES, QUE TU VAS ME FAIRE DE L'OMBRAGE !
TU VOIS, IL TE MANQUE UNE CHOSE INDISPENSABLE...
?!
RAOUCH
MOMAN !
OUAIS ! ET TOI, IL T'EN MANQUE DEUX MAINTENANT... BOUFFON !
VOUS ÊTES LIBRE MADE-MOISELLE ?

DRAGUER À TOUT PRIX

HÉ COCO, IMAGINE T'ES TOUT SEUL, POUR COMBIEN T'ACCEPTERAIS DE TE FAIRE SIMONE LA BOULANGÈRE ?
?!
ARRÊTE JEFF, C'EST UN THON ! JE SAIS PAS MOI, 2 000 EUROS POUR FAIRE UNE BONNE ACTION !
WAH, T'ES CON, MOI, J'IRAIS GRATOS !
OH MERDE !
S'IL VOUS PLAÎT ! JE ME SUIS GARÉ À PEINE CINQ MINUTES !
EH BEN C'EST CINQ MINUTES DE TROP !...
LA LOI EST LA MÊME POUR TOUS !
HEY ! MAIS VOUS ÊTES...
OUAIP CAUET. C'EST ÇA !
ALLEZ, SOYEZ SYMPA ! VOUS ALLEZ PAS ME LA METTRE POUR SI PEU !
D'ACCORD... ALORS VOUS ME FAITES UN PETIT BISOU ET JE VOUS LA FAIS SAUTER !
???!
30 EUROS !
NON MERCI, JE PRÉFÈRE PAYER !

COMMENT DRAGUER À NEW YORK

J'ADORE NEW YORK, LES FILLES SONT SI JOLIES... SUIVEZ-MOI, JE VAIS VOUS LE PROUVER !
MC BURGE
HI ! YOUR SO BIOUTIFOUL... WIZ WONDERFOUL AILLZES !
?!
YOU KNOW, INE FRANCE, AM VERI POPULAR !
I MÊME MAKE A PUBLICITI FOR UN HAMBOURGUEUR !
HO YES ! HAMBURGER !
BUT AM AT THE RÉGIME NAOW !
I JUST COME FAURE YOU... AND A COFFEE TOUS LES DEUX... YOUR HEURE IS LA MIENNE !
click
HUM ?...
YOU UNDERSTAND ME ?
HO YES !
A BIG KING SIZE MENU FOR THE BIG FAT MAN... WITH ONE COFFEE !

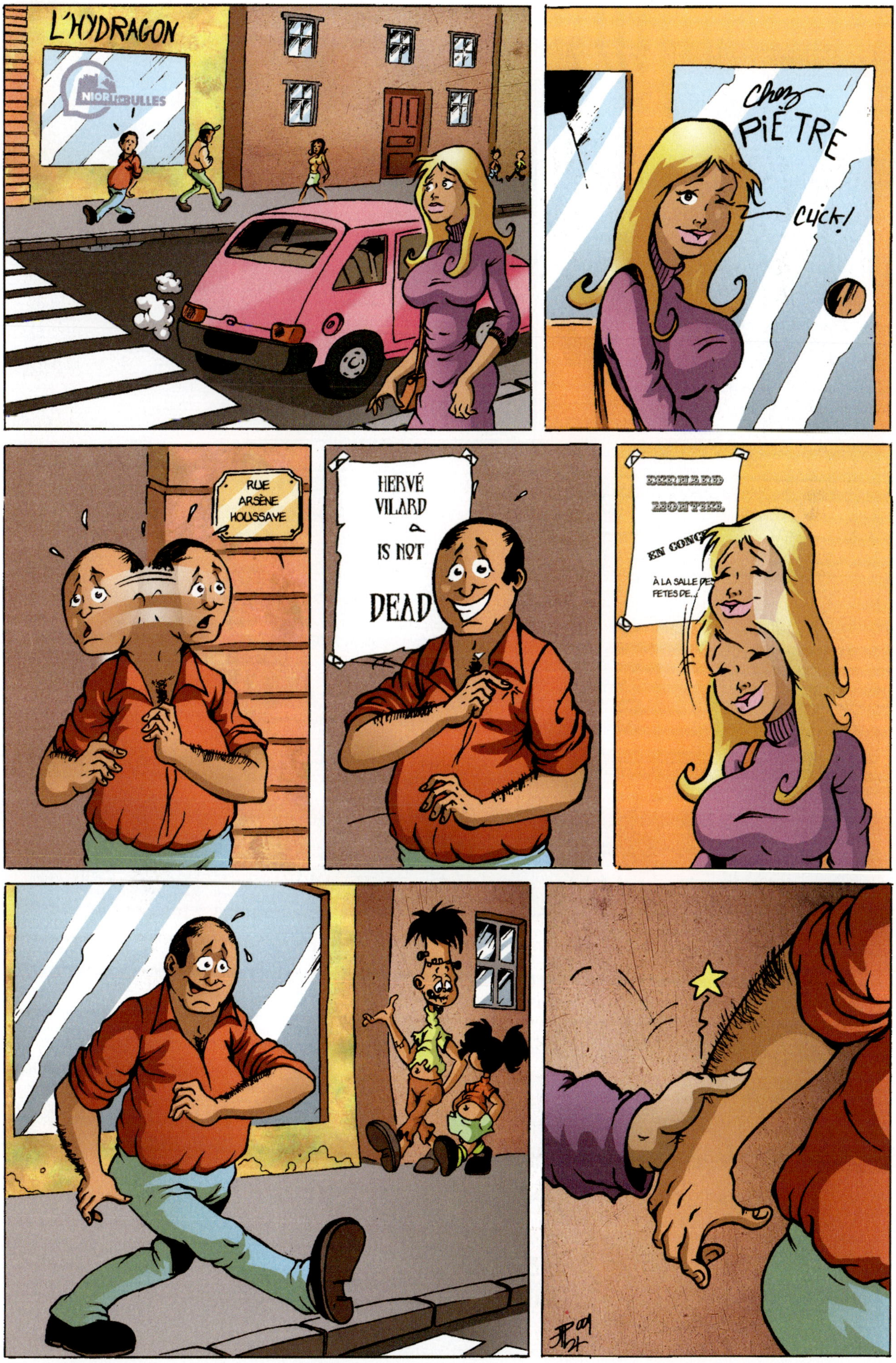
L'HYDRAGON
NIORT BULLES
Chez PIÈTRE
Click!
RUE ARSÈNE HOUSSAYE
HERVÉ VILARD IS NOT DEAD
À LA SALLE
FETES DE...

S'IL VOUS PLAÎT !... VOUS POUVEZ M'AIDER À TRAVERSER MONSIEUR ?
?!!
BIIIIZZZZZ
OH ET PUIS MERDE !
PAF
VITE ! IL FAUT LUI FAIRE DU BOUCHE À BOUCHE !
JE M'EN CHARGE !

CONSEIL DE DRAGUE SOUS CONTRÔLE

JE SUIS VRAIMENT TRÈS ADMIRATIF DE CE QUE VOUS FAITES !
HEIN ?! VRAIMENT ?
OUI, CETTE MÉTICULOSITÉ DONT VOUS FAITES PREUVE !
ARRÊTEZ DONC !
NON VRAIMENT, CET INTÉRÊT TOUT PARTICULIER POUR LES MOINDRES DÉTAILS !...
VOUS N'OMETTEZ RIEN, C'EST FANTASTIQUE !
LÀ, VOUS ME GÊNEZ !
NON ! CE COEUR À L'OUVRAGE ME BOULEVERSE LIMITE !
ARRÊTEZ, GRAND FOU... BON, ON LE REPREND CE CONTRÔLE FISCAL !
MOI, JE SERAIS VOUS, JE M'ARRÊTERAIS LÀ... VOUS RISQUERIEZ DE TOUT GÂCHER !
FACTURES
NON, NON ! APRÈS TOUS CES ÉLOGES, J'AURAIS TROP PEUR DE VOUS DÉCEVOIR... JE SUIS SÛRE QU'ON PEUT ENCORE AFFINER ÇA ET REMONTER SUR TROIS ANS !

COMMENT DRAGUER UNE VIEILLE

MADAME, VOUS CONNAISSEZ...
NON !
ÇA VOUS DIRAIT DE...
NON !
ALORS SI ON PRENAIT UN VERRE ?...
NAN !
...VOUS SAVEZ QUE JE CONNAIS SUPER BIEN JULIEN LEPERS ?!
AH OUI ?!

DRAGUE À TRÈS GRANDE VITESSE

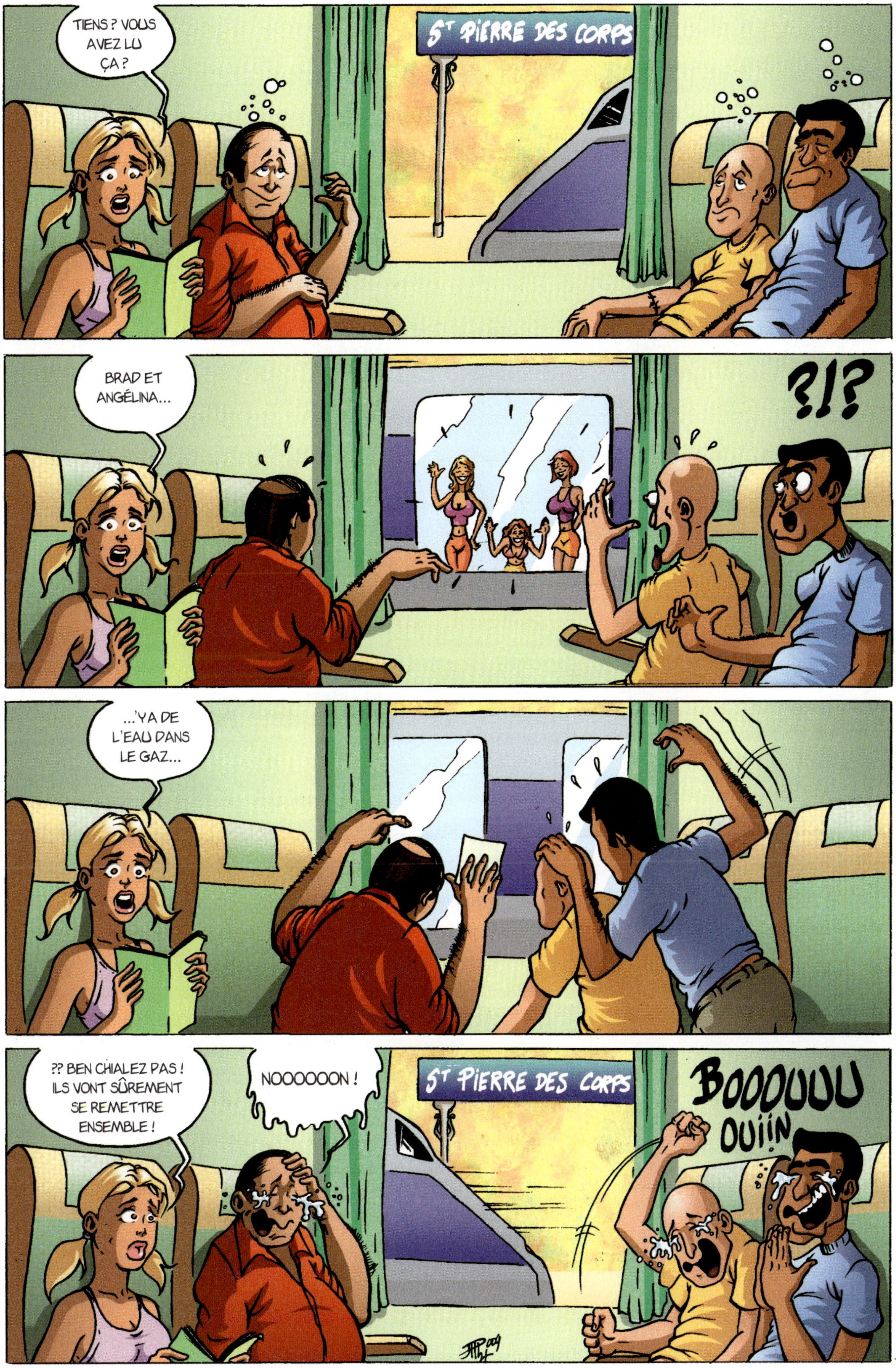

TIENS ? VOUS AVEZ LU ÇA ?
ST PIERRE DES CORPS
BRAD ET ANGÉLINA...
?!?
...'YA DE L'EAU DANS LE GAZ...
?? BEN CHIALEZ PAS ! ILS VONT SÛREMENT SE REMETTRE ENSEMBLE !
NOOOOOON !
ST PIERRE DES CORPS
BOOOUUU OUiiN

COMMENT EMBALLER À PLEINS POUMONS

BON, BEN J'Y VAIS !
POUSSE-TOI ! C'EST PAS COMME ÇA ! JE CROIS QU'IL FAUT METTRE LA LANGUE !
MMMMM !
MMMM SLUUURP
BON-LES FILLES... C'EST PAS MAL, MAIS C'EST ENCORE UN PEU MOU !
GONFLEZ-MOI LES POUMONS, ON VA PASSER AU MASSAGE CARDIAQUE !
FFFF
FFFFF
FFFFF

CONSEIL POUR RÉUSSIR À LA PLAGE

CE SERAIT ABUSER QUE DE VOUS DEMANDER DE M'ENDUIRE !
JUNGLE

ASTUCE POUR DRAGUER UNE HÔTESSE DE L'AIR

MAMAN, AU SECOURS, L'AVION VA S'ÉCRASER !
MAIS ENFIN MONSIEUR, CALMEZ-VOUS, VOYONS !
MAMAN, JE VEUX MAMAN !
COMMANDANT STUBIN, IL Y A UN PROBLÈME AVEC UN PASSAGER ; IL CRIE SA MÈRE ET FAIT PEUR À TOUT LE RESTE DE L'APPAREIL !
BORDEL GISÈLE, ON ME PAYE POUR FAIRE VOLER UN ZING À 300 PATATES, PAS POUR ENTENDRE LES COMPLAINTES D'UNE HÔTESSE INEXPÉRIMENTÉE !
SOYEZ SA MÈRE LE TEMPS DE CE VOL ET LAISSEZ-MOI BOSSER PÉNARD !
B... BIEN COMMANDANT...
VIENS AVEC MOI MON CANARD, JE SUIS TA MAMAN !
JE N'AI PLUS REPRIS L'AVION DEPUIS MES 2 ANS ! MAMAN !
MÔMAN
QU'ON NE NOUS DÉRANGE PAS ! ORDRE DU COMMANDANT !
ALORS ELLE FAISAIT QUOI TA MAMAN POUR TE RASSURER ?
BEN ELLE ME FAISAIT SAUTER SUR SES GENOUX EN ME DONNANT LE SEIN !

JE SUIS PLUTÔT BEAU GOSSE, LE GENRE GRAND ET MUSCLÉ, TU VOIS !
HA!
meestic.fr
MAIS J'EN AI ASSEZ QUE LES FILLES NE S'ATTARDENT QUE SUR MON PHYSIQUE...
OH !
HA ! C'EST POUR ÇA QUE VOUS N'AVEZ PAS MIS VOTRE PHOTO SUR LE CHAT ?!?
BIEN SÛR ! PENSEZ-VOUS, LE NOMBRE DE MESSAGES AUXQUELS IL ME FAUDRAIT FAIRE FACE !
CE SOIR CHEZ MOI, 21 H ÇA VOUS VA ?!... LES ENFANTS SERONT COUCHÉS...
OUI, MAIS IL FAUT ME PROMETTRE UNE CHOSE...
LE SOIR...
DING DONG !
4
BIENVENUE
SALUT ! ALORS TU ME LA MONTRES CETTE BEAUTÉ INTÉRIEURE ?!?
PIIIICHHHH

CONSEIL POUR SE FAIRE CONSOLER

SALUT MA PUCE, ÇA VA ?
TU TE FOUS DE MA GUEULE MIKO ?
OOCH
BAF
HEIN ?!? MAIS NON, POURQUOI ?
POUR ÇA, PAR EXEMPLE !
MAIS ATTENDS, JE VAIS T'EXPLIQUER !
MON CUL !...
ET POUR ÇA AUSSI !
C'EST PAS UN POIL, C'EST UNE TOUFFE !
T'AS QU'À T'OCCUPER DE TA CONSOLE MAINTENANT !
VLAN
YES !
MERCI COCO, T'AVAIS RAISON ! ÇA A MARCHÉ !
DE RIEN MIKO, DANS LA VIE, TOUT EST HISTOIRE DE PRIORITÉ !

COMMENT ASSURER EN BAGNOLE

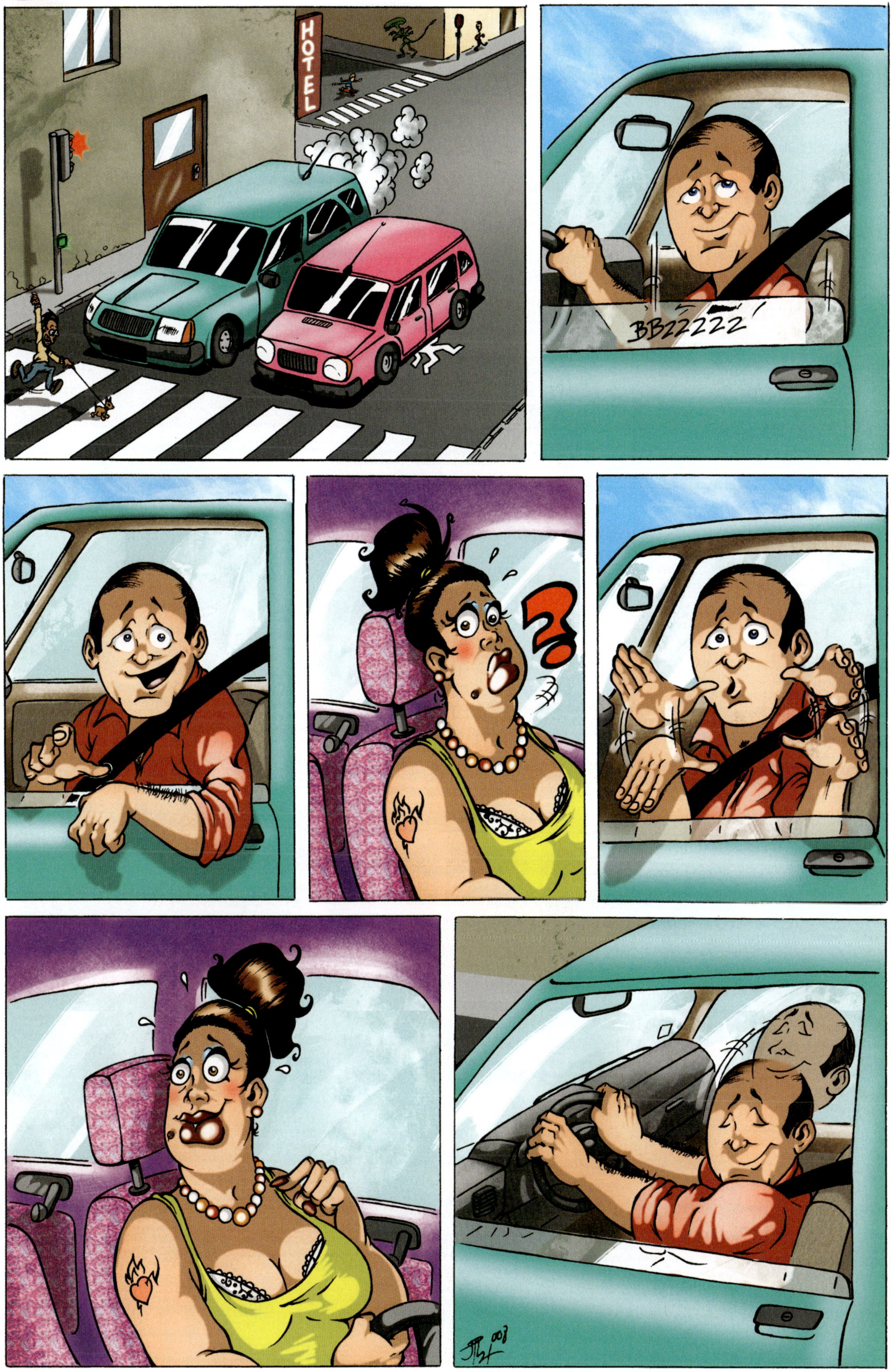

CROUIC
CROUIC
CROUIC
C'ÉTAIT JUSTE POUR VOUS DIRE À QUEL POINT VOUS ÉTIEZ FANTASTIQUE !
VRAIMENT ?!?
BOOM! BOOM!
BOOM!
OUAIS, C'EST DINGUE, DES FILLES MOCHES J'EN AI CONNU, MAIS VOUS ALORS, VOUS ÊTES AU TOP !
ALLEZ, BONNE JOURNÉE !

CONSEIL POUR ABUSER DE SES AMIS

MOI, J'AI PLEIN DE POTES SPORTIFS... MAIS ATTENTION, DES SPORTIFS DE HAUT NIVEAU !
DE CEUX QUI S'ENTRAÎNENT TOUTE LA JOURNÉE ...
ET QUI PARTENT SANS CESSE EN TOURNOIS, PARFOIS DES SEMAINES ENTIÈRES.
REC.
ET VOUS AVEZ PAS REMARQUÉ UN TRUC ?!... CES TYPES-LÀ, ILS ONT TOUJOURS LES PLUS BELLES FEMMES.
... QUI RESTENT SEULES CHEZ ELLES... PARFOIS DES SEMAINES ENTIÈRES !
OUI, OUI, VAS-Y !
PLUS QUE 30 SECONDES... .
ET C'EST LA FIN DU MATCH ! C'EST MAGNIFIQUE, LA FRANCE, UNE FOIS N'EST PAS COUTUME, SE RETROUVE EN QUART DE FINALE !
YEEE PEE
CONTINUEZ COMME ÇA, BANDE DE CRÉTINS EN SHORT ...
AU MOINS ENCORE UNE SEMAINE DE RABE.
YEEE PEEEE
YEEE

CONSEIL SI TU PARS EN SOIRÉE AU MACUMBA

COCO, TU BOIS UN COUP, MARGARITA ? WHISKY COCA ?
NON MERCI ! C'EST MOI QUI CONDUIS, JE TE RAPPELLE.
UN LAIT FRAISE SVP !
ALLEZ, LÂCHE-TOI ! VAS-Y, JETTE-T'EN UN P'TIT !
NON ! C'EST SYMPA MAIS NON !
ALLEZ GO ! ON RENTRE ! JE RAMÈNE TOUT LE MONDE.
HÉ ! ON S'EN REPREND UN P'TIT DERNIER... POUR LA ROUTE ? HIC...
TU SAIS QUE T'ES UN FRÈRE TOI ..... HIPS... HIPS...
CELUI QUI CONDUIT...
... C'EST CELUI QUI BOIT PAS !
BEURR
RRRZ ZZ
BEUURRRAR
ZZZZ !
MAIS EN REVANCHE, C'EST CELUI QUI CHOPE !

CONSEIL POUR SAUVER UNE DEMOISELLE EN DÉTRESSE !

ALORS POUPÉE, ON SE PROMÈNE TOUTE SEULE EN PLEINE NUIT... HOU ! C'EST PAS SÉRIEUX ÇA !
QUE VOIS-JE ? UNE BELLE SE FAISANT HOUSPILLER ! VOILÀ UNE MISSION POUR ...
MÉTHODE MAN !
HALTE-LÀ MARAUDS !
PAR JEAN-CLAUDE VANDAMME, LAISSEZ DONC CETTE DAMOISELLE VILS TROUDUCS !
PIF
PAF
VOUS VOILÀ SAUVÉE ! JE VAIS VOUS RACCOMPAGNER CHEZ VOUS, CE SERA PLUS SÛR !
HO ! MÉTHODE MAN !
ET PLUS SI AFFINITÉS !
ÇA Y EST, IL EST PARTI ?
LE CON ! IL A FAIT SAUTER MON BRIDGE... IL AVAIT POURTANT DIT QU'IL FERAIT ÇA EN DOUCEUR !
C'EST UN SHOW MAN, TU LE CONNAIS !
BLA BLA..

COMMENT ATTIRER DU MONDE AU BALCON

HUM, BON, ON VA ESSAYER...
PRENONS DES CHOSES SIMPLES.
JE T'AI CROISÉE ENTRE CHÂTEAU DE VINCENNES, BARBÈS, MONTPARNASSE ET LES HALLES... OUAIS, C'EST PAS MAL ÇA !...
TU ÉTAIS GRANDE, BLONDE... NON BRUNE, JE PRÉFÈRE !
TU PORTAIS UN JEAN, DES TENNIS ET UN JOLI PETIT PULL TENDANCE...
TU ÉTAIS SI BELLE !
J'AIMERAIS TANT TE CONNAÎTRE... MOI, JE SUIS SYMPA, J'AI UNE GROSSE VOITURE ET JE FAIS DE LA TÉLÉ...
CLIK CLIK CLIK CLIK CLIK CLIK CLIK
RENDEZ-VOUS DEVANT LA FONTAINE DES INNOCENTS, SAMEDI À 12 H... TU ME RECONNAÎTRAS, JE SERAIS DÉGUISÉ... HÉ OUI ! CAR JE SUIS AUSSI UN RIGOLO !
CLIK CLIK CLIK CLIK CLIK CLIK CLIK
HOP, ENVOIE !
CLICK
LE SAMEDI...
ALLEZ, NO STRESS... QUI TENTE RIEN N'A RIEN !
?!!
C'EST MOI !
COUCOU !
PAR ICI !
LÀ !
JE SUIS LÀ !

COMMENT S'EN SORTIR À L'HÔPITAL

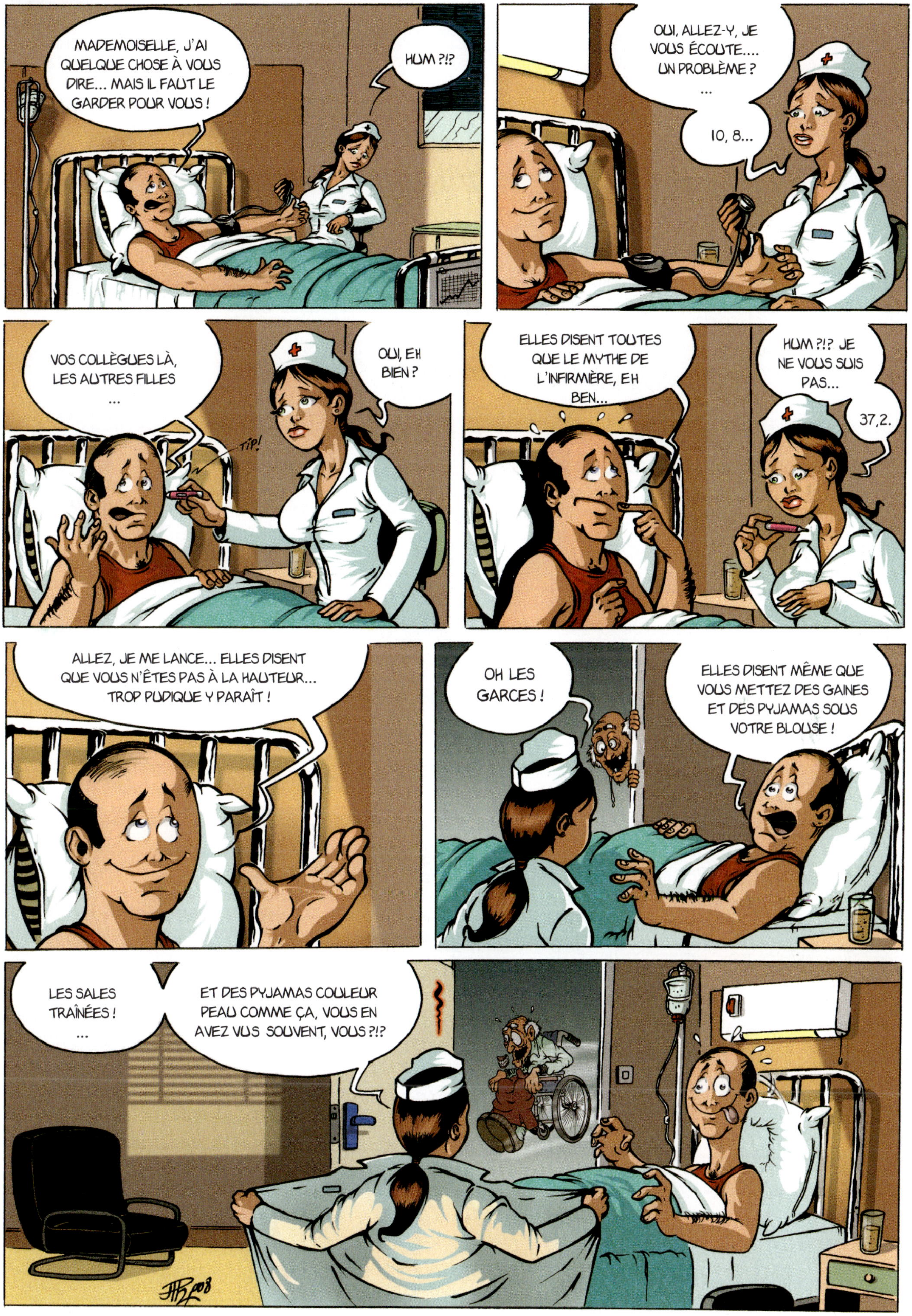
MADEMOISELLE, J'AI QUELQUE CHOSE À VOUS DIRE... MAIS IL FAUT LE GARDER POUR VOUS !
HUM ?!?
OUI, ALLEZ-Y, JE VOUS ÉCOUTE.... UN PROBLÈME ? ...
10, 8...
VOS COLLÈGUES LÀ, LES AUTRES FILLES ...
OUI, EH BIEN ?
TIP!
ELLES DISENT TOUTES QUE LE MYTHE DE L'INFIRMIÈRE, EH BEN...
HUM ?!? JE NE VOUS SUIS PAS...
37,2.
ALLEZ, JE ME LANCE... ELLES DISENT QUE VOUS N'ÊTES PAS À LA HAUTEUR... TROP PUDIQUE Y PARAÎT !
OH LES GARCES !
ELLES DISENT MÊME QUE VOUS METTEZ DES GAINES ET DES PYJAMAS SOUS VOTRE BLOUSE !
LES SALES TRAÎNÉES ! ...
ET DES PYJAMAS COULEUR PEAU COMME ÇA, VOUS EN AVEZ VUS SOUVENT, VOUS ?!?

CONSEIL POUR EMBALLER LE 1ER MAI

1ER MAI, FÊTE DE JEANNE D'ARC... CETTE MANIFESTATION VOUS SEMBLE UN PEU AUSTÈRE ?!? POURTANT IL Y A MOYEN D'EN TIRER PROFIT !
OYÉ BRAVES GENS ! LE MONDE EST HARMONIE IL EST FAIT DE MILLE COULEURS !...
JEANNE · D'ARC
NE VOUS LAISSEZ PAS AVEUGLER PAR TOUS CES DISCOURS EXTRÉMISTES ET XÉNOPHOBES !...
NOUS VIVONS DANS UN RUBIK CUBE GÉANT OÙ LES COULEURS SONT FAITES POUR SE MÉLANGER !
AIMEZ-VOUS LES UNS LES AUTRES ...
VENEZ VOIR LES FILLES ! C'EST LUI LE HÉROS QUI A TENU TÊTE À CETTE ARMÉE DE PSYCOPATHES !
37
METHODE MAN

CONSEIL POUR SE FAIRE VALOIR DANS UN REPAS MONDAIN

VOUS SAVEZ QUE VOUS ÊTES MAGNIFIQUE, VOUS POURRIEZ ETRE MANEQUIN !
HÉ, HÉ, ET AVEC MES RELATIONS...
JE DÉTESTE CE MILIEU. POUR FINIR DROGUÉE ET ANOREXIQUE, MERCI !
BRÔÔAR
MERDE ! ÇA PART MAL.
DU CINÉMA ALORS ?
EN PLUS, JE CONNAIS UN PAQUET DE MONDE, MA BELLE.
Click !
SÛREMENT PAS ! TOUS CES CRÉTINS IMBUS DE LEUR PERSONNE...
ELLE COMMENCE À ME SAOULER CELLE-LÀ ! CASSOS !
JE DOIS VOUS LAISSER, J'AI MON ÉMISSION DE RADIO DEMAIN MATIN... JE ME LÈVE HYPER TÔT .
?!
VOUS FAITES DE LA RADIO ?!
J'ADOOOORE !
C'EST VRAI ?
OUI ! J'AI TOUJOURS FANTASMÉ EN ENTENDANT LES VOIX DE CES HOMMES DE L'OMBRE...
MAIS POUR ÊTRE SINCÈRE, PARFOIS, IL VAUT MIEUX QU'ILS RESTENT DANS L'OMBRE !

COMMENT NE PAS PERDRE LA FACE

ALLEZ, VAS-Y STEUPLÉ !
PUTAIN MIKO, TU FAIS CHIER, TU POURRAIS LE FAIRE TOI-MÊME, MERDE !
VOUS DÉSIREZ ?
HEU !... VOUS ME METTREZ "HOT BOMBASSES" ET "ECCLÉSIASTIQUES EXACERBÉES"... S'IL VOUS PLAÎT !
NON !
MAIS ÇA VA PAS LA TÊTE DE ME DONNER ÇA ! JE VOUS AVAIS DEMANDÉ : "ROCK'N BASS" ET "GÉOPOLITIQUE ET CRUSTACÉS" !
?!!
NON MAIS VOYONS !
HEU, SALUT !
C'EST QUOI CES MERDES ?! C'EST PAS CE QUE JE T'AVAIS DEMANDÉ !
OUAIS, BEN AVEC TES CONNERIES, JE ME SUIS GRILLÉ AVEC LA BONNASSE DU SIÈCLE !
ATTENDEZ, S'IL LES VEUT PAS, JE LES PRENDS MOI ! ET RAJOUTEZ-MOI "SEULE VIERGE ET EN MANQUE" SVP !

COMMENT DRAGUER UNE ALTERMONDIALISTE

QUÉ HORA SON MI CORAZON... POMPALA POMPALA POMPALA
JOSÉ
J'ADORE LES JOURNÉES ALTER MONDIALISTES. C'EST BOURRÉ DE SUPER BELLES MEUFS !
HÉ J'TE CONNAIS PAS TOI, T'ES NOUVEAU ?
TU VIENS DÉFENDRE LA CAUSE DU MAÏS DE JOSÉ ?
NON ! JE SUIS UN ALTER DÉCONNANT GÉNÉTIQUEMENT NON MODIFIÉ !
HEIN ? C'EST QUOI ÇA ?
T'ES BARGE, TOI !
ÉCOUTEZ PLUTOT !
PSSSSSSSSSSS PPPSSSSSS PPPPSSSS
HEIN ? C'EST PAS VRAI, TU PEUX FAIRE ÇA ?
OK, MAIS TU LE GARDES POUR TOI !
HUHUM ! VENEZ DANS MA TENTE, JE VAIS VOUS MONTRER !
OH OUI ! C'EST BON !
ENCORE ! ENCORE!
PUTAIN, C'EST TROP BON ! ÇA FAIT TELLEMENT LONGTEMPS QUE J'AI PAS BOUFFFÉ DE HAMBURGER !
GOINFR! GOINFR!

QUAND TU VAS À L'ANPE, PENSE TOUJOURS À PRENDRE DEUX TICKETS !
TCHIK TCHIK
PUIS, PATIENTE UNE OU DEUX HEURES EN PRIANT POUR QUE LE MIRACLE SE PRODUISE !
PATXI
Tiiiizzzz
ANPE
TCHIK
200
375
ZZZZZ
BERNARD MONTIEL EST DEMANDÉ BUREAU 12
ÇA VOUS DIRAIT DE GAGNER 2 HEURES ? EN PLUS ÇA ME LAISSERAIT DU TEMPS POUR VOUS INVITER À DÉJEUNER !
CLICK
257
?!
?!?
257
252
MAIS BIEN SÛR, QUI DIT MIRACLE DIT QUE ÇA MARCHE PAS À TOUS LES COUPS !
252 !

PFFFF

JE CONNAIS UN SUPER COUCOUS ; LA GRAINE EST SI FINE QU'ELLE VOLE À LA MOINDRE RESPIRATION !
C'EST UN ENDROIT CALME, ON POURRA DISCUTER TRANQUILLE !
VOUS FAITES QUOI DANS LA VIE ?
CHE CHUIS CHERCHEUSE EN TECHNOLOCHIE BLUETOOFFFF !
FFFFF
FFFFFF
SINON ON PEUT SE FAIRE UN CINÉMA... JE CONNAIS UN FILM MUET SUPER SYMPA !
?!

AVEC CÉCILE

CÉCILE, CAP OU PAS CAP D'ALLER DIRE À LA FILLE QU'ELLE EST HABILLÉE COMME UNE POUF ?
ET TOI, CAP D'ALLER DIRE À SON MEC QU'IL EN A UNE TOUTE PETITE ?
CAP D'ALLER À LA PHARMACIE ?
FAP !

CONSEIL POUR DRAGUER UNE FILLE D'UNE AUTRE CULTURE

T'ES SÛRE QU'ILS VONT M'ACCEPTER ?
MAIS OUI, SOIS NATUREL, VOILÀ TOUT !
DRRIING... DRIIING
?!
YOUHOU !
YOUYOUYOUYOUYOU
YOUYOUYOUYOUYOU

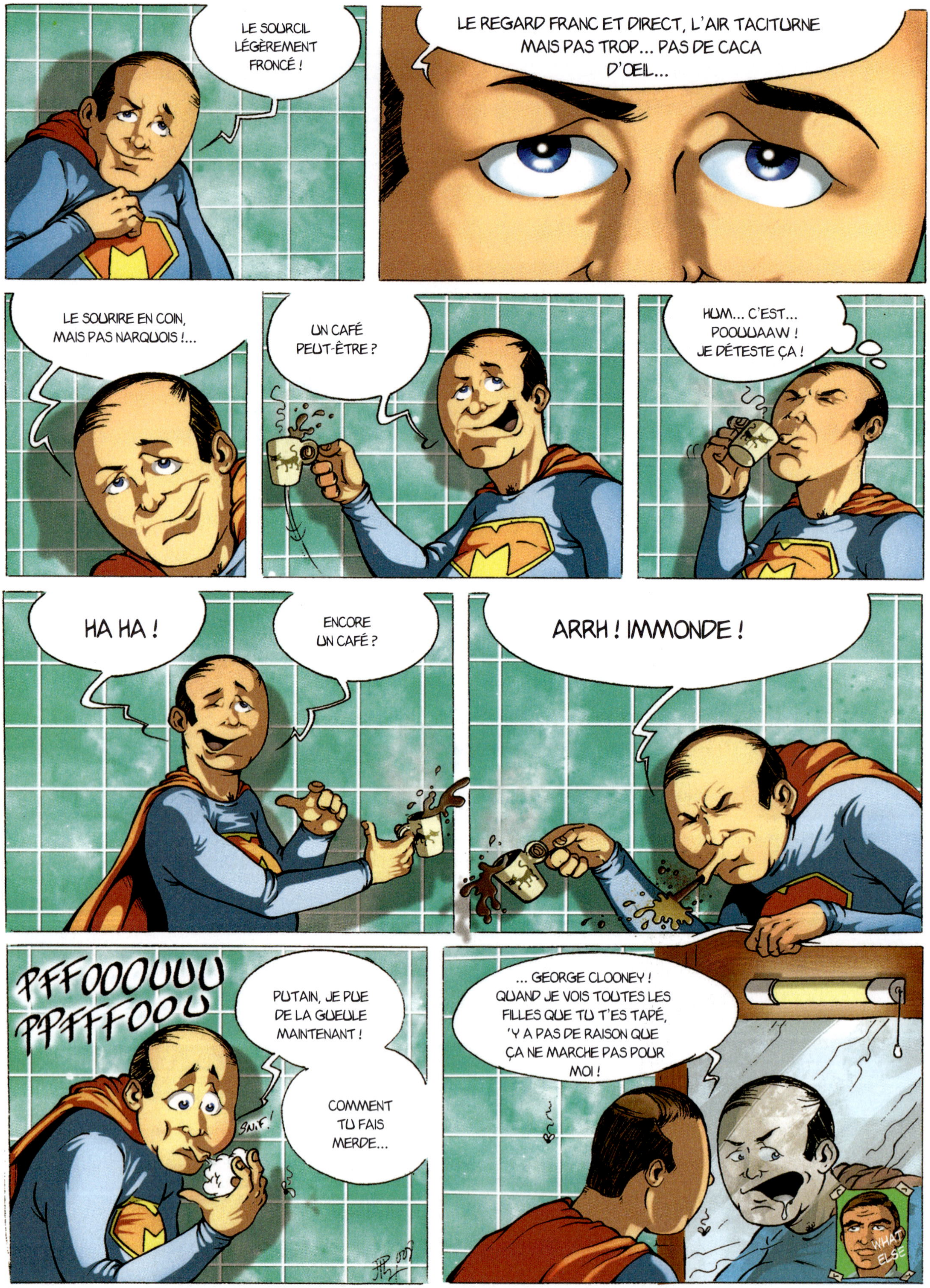
LE SOURCIL LÉGÈREMENT FRONCÉ !
LE REGARD FRANC ET DIRECT, L'AIR TACITURNE MAIS PAS TROP... PAS DE CACA D'OEIL...
LE SOURIRE EN COIN, MAIS PAS NARQUOIS !...
UN CAFÉ PEUT-ÊTRE ?
HUM... C'EST... POOUUAAW ! JE DÉTESTE ÇA !
HA HA !
ENCORE UN CAFÉ ?
ARRH ! IMMONDE !
PFFOOOUUU PPFFFOOU
PUTAIN, JE PUE DE LA GUEULE MAINTENANT !
COMMENT TU FAIS MERDE...
SNIF !
... GEORGE CLOONEY ! QUAND JE VOIS TOUTES LES FILLES QUE TU T'ES TAPÉ, 'Y A PAS DE RAISON QUE ÇA NE MARCHE PAS POUR MOI !
WHAT ELSE

PETIT CONSEIL DE GENTLEMAN

LE RUSSE EST RUSTRE...
TZER
MAIS LA RUSSE EST BELLE !
ALORS, DANS CE PAYS OÙ LA FEMME N'EST PAS CONSIDÉRÉE À SA JUSTE VALEUR, C'EST LE MOMENT DE FAIRE VALOIR...
THE FRENCH TOUCH OF CLASS !
TZER
?!
SMACK
MAIS N'OUBLIEZ JAMAIS...
THE FRENCH HUMOUR !
SBAM

PETITES ASTUCES POUR DÉCRYPTER UN CADDIE

LES SUPERMARCHÉS, C'EST UN VÉRITABLE VIVIER À SUPER BELLES FILLES... SUIVEZ-MOI, JE VAIS VOUS MONTRER !
MAIS ATTENTION DE NE PAS VOUS TROMPER ! POUR CELA JE VOUS CONSEILLE D'INSPECTER LES CADDIES !
PAR EXEMPLE : CELLE-CI A AU MOINS DEUX GOSSES ! ET MÊME SI ELLE EST DIVORCÉE, LES MOUFFLETS, ÇA S'ATTACHENT VITE, ALORS PASSE TON CHEMIN !
PAN-PERCE
BLÉDINO
BLING !
ET CELLE-LÀ ! CÉLIBATAIRE À COUP SÛR !...
... MAIS, CASSOULET, CHOUX DE BRUXELLES ET DÉSODORISANT WC... NON MERCI, J'AI DÉJÀ DONNÉ !
PÔUET
ET ELLE ? UN PEU TROP BIO PEUT-ÊTRE, EN PLUS, JE DÉTESTE LE SOJA !
-15% SUR LES SEXTOYS
LA BOUFFE, C'EST PRIMORDIAL DANS UNE RELATION !
SOJA EN PROMO
HA VOILÀ !
CRÈME DÉPILATOIRE, NOURRITURE SAINE, MAIS PAS TROP... DVD !..
EN PLUS ELLE EST BONNE ; GÉNIAL ! JE FONCE !
J'AIME BEAUCOUP VOTRE CADDIE, MADEMOISELLE...
VOUS ÊTES LIBRE ?
IL N'EST PAS À MOI MONSIEUR ! LE MIEN EST AU RAYON CHARCUTERIE !
...
HO OUI, JE SUIS LIBRE ! JE SENS QU'ON VA S'ÉCLATER TOUS LES DEUX ! J'AI LE DVD DU ROI SOLEIL !

CONSEIL POUR UNE RENCONTRE AU BAR

TU SAIS QUE TU AS DES YEUX MAGNIFIQUES ?!
HEIN ? ÇA VEUT DIRE QUOI ÇA ? QUE LE RESTE EST BON À JETER ?
MAIS NON, PAS DU TOUT, LE RESTE EST TRÈS BIEN AUSSI !
SEULEMENT TRÈS BIEN ?
HEU, NON... PARFAIT JE VOULAIS DIRE !
PARCE QUE TU ME DRAGUES UNIQUEMENT POUR MON PHYSIQUE, SI JE COMPRENDS BIEN !
PAS DU TOUT ! TU M'AS L'AIR TRÈS INTELLIGENTE AUSSI !
HA ! C'EST-À-DIRE QUE SI J'AVAIS ÉTÉ UN PEU CRUCHE, TU NE M'AURAIS PAS ABORDÉE ?
HA, C'EST DU PROPRE ! ÇA FRÔLE LE RACISME TOUT ÇA !
MAIS... MAIS, NON... JE TE TROUVE CHOUETTE, C'EST TOUT... TU ES PLEINE D'HUMOUR AUSSI... HÉ ! HÉ !...
HA ! HA ! MONSIEUR LE COMIQUE ! SI ON RENTRE PAS DANS LE MOULE, ON EST DE LA MERDE, HEIN, C'EST ÇA ?!
ME FAIRE INSULTER COMME ÇA DEVANT TOUT LE MONDE, MERCI !
TU VOIS, JE T'AVAIS DIT... J'ÉTAIS SÛR QU'IL ÉTAIT PAS SYMPA DANS LA VIE...

COMMENT DRAGUER UNE BLONDE QUI SE LA JOUE

EXCUSEZ-MOI, VOUS AURIEZ L'HEURE S'IL VOUS PLAÎT ?
?!
BUS
OH, ÇA VA ! VOUS VOYEZ BIEN QUE JE N'AI PAS DE MONTRE !
DÉSOLÉ, JE N'AVAIS PAS VU !
ÇA FAIT CINQ FOIS AUJOURD'HUI QUE JE ME FAIS DRAGUER PAR DES RELOUS DANS VOTRE GENRE !
DRAGUER ?!? MAIS PAS DU TOUT... ET ÇA RISQUE PAS !
HEIN ? ET POURQUOI DONC CHER MONSIEUR ?!?
JE DÉTESTE LES BLONDES !
QUOI ?
ET AUX YEUX BLEUS QUI PLUS EST ! J'EN AI UNE AVERSION TOTALE !
TOUS MES POTES ME LES DÉCONSEILLENT... ELLES EMBRASSENT COMME DES DÉBOUCHES CHIOTTES QU'ILS DISENT !
QUE... QU...
SSMMAAAAK !
ET ÇA ALORS, C'EST QUOI ? DU DESTOP !
MOUAIS BOF... ET JE NE VOUS DIS MÊME PAS CE QU'ILS M'ONT DIT CÔTÉ SEXE !

COMMENT DRAGUER AUX PREMIÈRES LOGES

LA BANQUETTE EST POUR MOI !
NON ! TU L'AS DÉJÀ EUE LA DERNIÈRE FOIS !
PREM'S !
DE VRAIS GAMINS !
HA, J'AI COMPRIS ! C'EST POUR ÊTRE EN FACE DE MOI TOUS LES TROIS !....
QUE VOUS ÊTES CHOUX !
TU PEUX TE DÉCALER S'TE PLAÎT !
METS-TOI AU BOUT !
?!

COMMENT FAIRE LE GRAND SAUT

JE VAIS JAMAIS POUVOIR !
T'AS RAISON, ÇA FAIT HAUT!
ALLÔ CYNTHIA... TU PEUX Y ALLER !
JE SERAIS TOI, JE LE FERAIS PAS !
T'AS GAGNÉ !
WHAAAA !
JE T'AVAIS DIT QU'IL SAUTERAIT !

LIKE A VIRGIN
'Y A PAS PHOTO...
... J'PRÉFÈRE CELLE-LA !
Virgin
RADIO

AMUSE-TOI À HABILLER CAUET EN MÉTHODE MAN

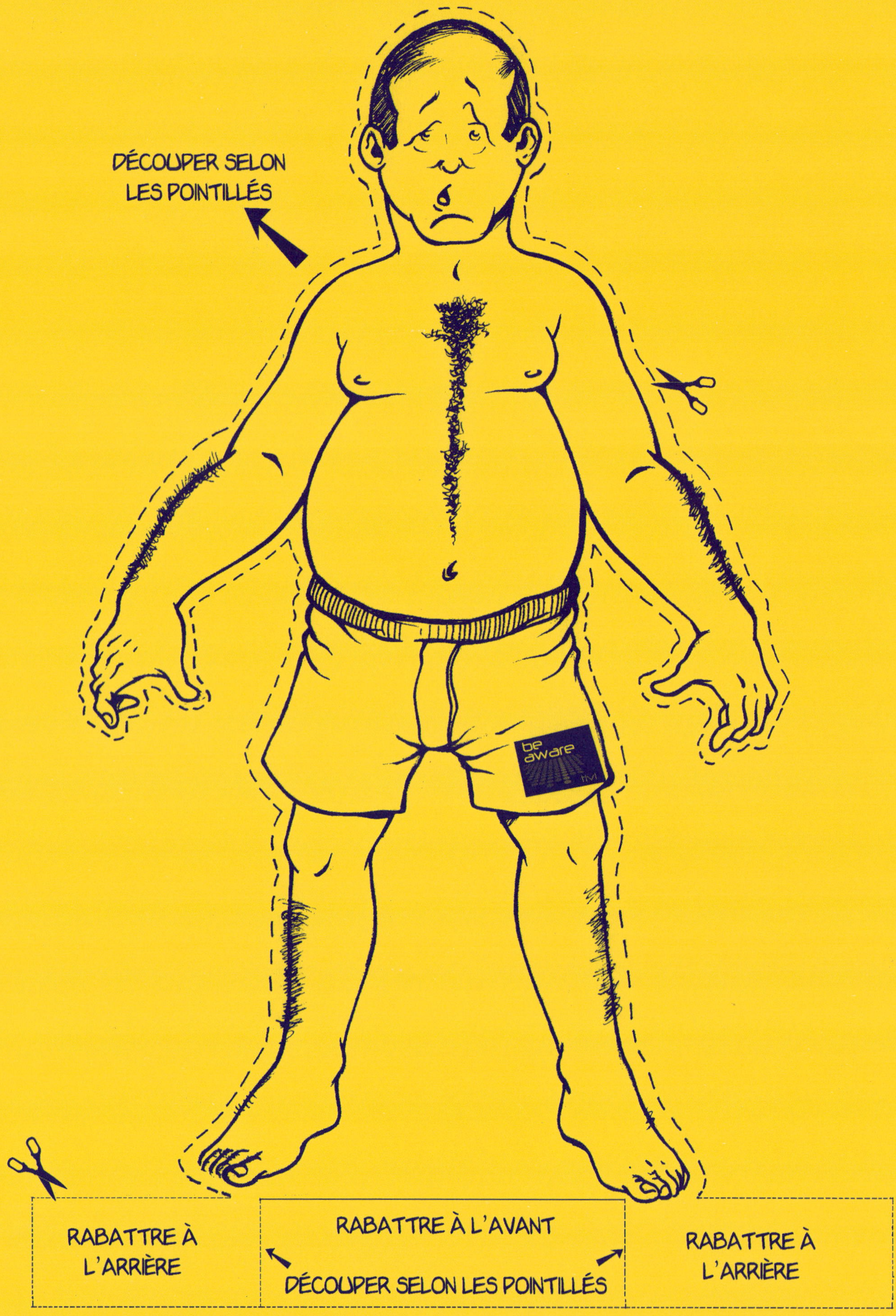